IL PREZZO PERFETTO

IL PREZZO PERFETTO

 IL PREZZO PERFETTO

 IL PREZZO PERFETTO

CONTENUTI

Prezzi: tutto ciò che devi sapere

Lavorare con acquirenti sensibili al prezzo

Il "prezzo vincente"

Prezzi in base al tipo di prodotto

Strategie di prezzo che migliorano i profitti

Scrematura dei prezzi come strategia di prezzo

Il prezzo psicologico è una strategia efficace?

Prezzi di penetrazione del mercato

Prezzi promozionali

Prezzo competitivo

Offri sconti nell'ambito della tua strategia di prezzo

Strategie di prezzo alternative

Le offerte più interessanti

Prezzi basati sul valore

Come fai a sapere se il tuo prezzo è corretto?

IL PREZZO PERFETTO

 IL PREZZO PERFETTO

Prezzi: tutto ciò che devi sapere

Se stai cercando di vendere qualcosa su Internet, valutare i tuoi servizi / prodotti sarebbe la decisione più importante che prenderai. Poiché Internet offre migliaia di alternative ai clienti, deve essere alla pari con la concorrenza. I prezzi determineranno per quanto tempo puoi rimanere sul mercato.

Devi avere un'idea chiara dei prezzi. Quanto lontano puoi spingerlo? Quanto spesso devi controllare i prezzi? Molto dipenderà da come gestirete questa fase del business.

Per cominciare, devi identificare un gruppo di consumatori e quindi stimare quanto sarebbero disposti a pagare per i tuoi servizi o prodotti.

 IL PREZZO PERFETTO

Ma oltre a ciò, dovresti anche assicurarti di ottenere qualche beneficio per te stesso. E molto spesso queste due esigenze possono essere in conflitto tra loro. Persone diverse usano tecniche diverse per stabilire i prezzi dei loro prodotti. Alcuni di essi hanno una base scientifica e altri no. Di seguito è riportata una procedura del genere che funziona con una comprensione del costo di produzione, delle aspettative dei clienti e di altri attori del settore.

Il costo è definito come la somma totale delle spese sostenute per la realizzazione di un prodotto. Le spese comprendono il costo di materie prime, macchinari, imballaggio, consegna, ecc. Il prezzo è l'importo che i clienti devono pagare per unità del loro prodotto / servizio.

Affinché tu possa realizzare un profitto, il prezzo deve essere superiore al costo. I tuoi prezzi devono essere costantemente più alti del costo se prevedi di gestire la tua attività a lungo, tranne in casi speciali. A volte puoi abbassare i prezzi, ad esempio, per entrare in un mercato. A partire da prezzi inferiori rispetto alla concorrenza, le persone ti noterebbero. E una volta che raccogli un numero decente di clienti, puoi aumentare gradualmente i prezzi!

Quanto i clienti pagherebbero per i tuoi servizi è direttamente proporzionale a quanto significativo e prezioso pensano che il tuo prodotto sia. Naturalmente, le tue strategie di marketing e reputazione sul mercato svolgeranno un ruolo importante in questo senso.

Tra questi due numeri, il tuo prezzo ideale è il costo e il prezzo che i tuoi clienti sono disposti a pagare per il tuo prodotto. Se il tuo prezzo è leggermente inferiore a quello che i tuoi clienti sono disposti a pagare per i tuoi servizi, funzionerebbe sicuramente a tuo favore nel lungo periodo.

Se il suo prezzo è superiore a quello che è giusto agli occhi del cliente, finirebbe per perdere la sua attrattiva e mercato e gradualmente la sua redditività.

 IL PREZZO PERFETTO

Lavorare con acquirenti sensibili al prezzo

Il valore del denaro nel mondo di oggi è una dura realtà ed è per questo che i clienti che desiderano acquistare per le loro esigenze hanno realizzato il fattore efficace quando si tratta di acquistare.

Cercano di sfruttare al massimo la minima quantità di denaro speso, motivo per cui l'impostazione del prezzo dei loro prodotti fa molto per garantire che tu continui ad ottenere clienti e realizzare un profitto. Ma ciò non significa necessariamente che puoi attrarre i tuoi clienti solo abbassando i prezzi, poiché ciò può spesso portare a perdite .

Ma più del prezzo, è il valore del prodotto che determina il suo prezzo agli occhi del cliente. Non ci si aspetterebbe mai che un veicolo di alto profilo come una Mercedes abbia un prezzo in linea con le tariffe Toyota, ma spereranno di ottenere il miglior affare da te quando si cerca di acquistare una Toyota sul mercato.

Pertanto, aggiungere valore a qualsiasi prodotto attraverso un buon marketing, ricerca e sviluppo è un modo sicuro per garantire che il cliente apprezzi e accetti il prezzo e il valore del prodotto. Pertanto, è un semplice atto di cambiare il modo in cui il cliente visualizza un prodotto.

La strategia più semplice ed efficiente per soddisfare un acquirente sensibile al prezzo è di dare loro un quadro vivido dei benefici che questa spesa li porterà a lungo termine. A tutti piace sapere che hanno speso buoni soldi per qualcosa che durerà e porterà maggiori profitti. Quindi, se riesci a convincere il cliente che comprare qualcosa non significa solo spendere, ma investire in qualcosa di utile e nel lungo periodo, accetteranno sicuramente di spendere i soldi.

Mostrando come l'articolo più costoso alla fine causerà problemi minori, risparmiando così molta seccatura e spese inutili in servizi e riparazioni, potresti essere in grado di concludere l'affare. Ancora una volta, si tratta di convincere i clienti che stanno facendo la cosa saggia osservando i vantaggi a lungo termine dell'acquisto.

Se hai un prodotto di qualità e lo commercializzi bene, qualsiasi cliente sensibile verrà da te. Anche se ciò significa spendere quei soldi extra, i clienti vogliono il meglio sul mercato per loro. Pertanto, l'offerta di prodotti di qualità non manca mai di attrarre clienti di più.

Per conquistare acquirenti sensibili al prezzo è necessario comprendere che il prezzo non è l'unico componente delle tue decisioni di

acquisto. Quando ti prendi il tempo per scoprire le esigenze dei tuoi clienti, puoi presentare l'intero valore del tuo servizio o cliente. Se non riesci a capire l'intero quadro, potresti essere in grado di rispondere alle preoccupazioni sui prezzi e ciò non aiuterà la tua attività a lungo termine.

Conosci i tuoi clienti. Scopri come funzionano le loro menti e cosa vogliono. Questo farà molto per convincerli e attirarli ad acquistare il prodotto giusto, anche se costoso. Se non capisci che l'acquisto non riguarda solo i soldi, ma tutte le altre cose sopra menzionate, potrebbe essere necessario continuare a ridurre i prezzi per ottenere clienti e che non sarà redditizio per la tua attività.

Il "prezzo vincente"

Impostare un prezzo per il tuo prodotto o servizio, specialmente quando stai cercando di vendere online, può essere la decisione commerciale più cruciale. Impostare un prezzo non è così semplice come potrebbe sembrare. Se stai cercando di realizzare un profitto, il tuo prezzo deve essere maggiore del tuo costo, ma deve essere inferiore al "prezzo che il mercato può sopportare", cioè al prezzo che i tuoi clienti si aspettano di pagare per il tuo servizio. Dovresti tenerne conto quando imposti il prezzo dei tuoi prodotti.

Esistono piani tariffari elaborati che dovresti comprendere ed essere in grado di lavorare. Il piano tariffario con cui vuoi lavorare dipenderà dal tuo modello di business.

IL PREZZO PERFETTO

Come il piano "Prezzi da penetrare". Questo piano funzionerebbe per te se il tuo obiettivo è quello di penetrare rapidamente nel mercato di riferimento. Per raggiungere questo obiettivo, dovrai mettere un prezzo basso sul tuo prodotto.

Ma è importante decidere quanto puoi scendere senza colpire il fondo. Devi scoprire il minimo che puoi fare senza avere debiti e grosse perdite. Non dovresti avere riserve sull'incorrere in perdite iniziali se otterrai in cambio clienti a lungo termine.

Ma come si determina il valore della vita di qualsiasi cliente?

Rassicura i tuoi clienti abituali e assicurati di prendere provvedimenti per attenersi al loro marchio particolare. Il prezzo di penetrazione è utile se hai intenzione di lasciare un'impressione duratura. Può anche essere utile in circostanze in cui molti nuovi giocatori saltano sul mercato.

Il tuo prodotto deve essere l'ultimo "prodotto appiccicoso" che il cliente può eliminare. I broker online, ad esempio, sono molto più convenienti di una volta agganciati, le persone non pensano nemmeno alle alternative.

Un altro modo per garantire che il cliente ritorni è quello di realizzare un prodotto eccezionale. Quando vendi libri online, ad esempio, un grande libro con un buon prezzo garantirebbe la sua popolarità istantanea.

Amazon.com, ad esempio, è il principale player tra le librerie online grazie alle sue tariffe altamente sovvenzionate. Sebbene questa tattica aziendale avrebbe potuto costare loro molte migliaia di dollari, sono riusciti a creare una solida base di clienti di cui ora possono fidarsi.

 IL PREZZO PERFETTO

Un altro esempio praticabile nella vita reale è il modo in cui le aziende che producono i rasoi inciampano sull'idea che sarebbe molto più redditizio rivendere i rasoi rispetto ai mango, e il resto, come si dice, è la storia.

 IL PREZZO PERFETTO

Prezzi in base al tipo di prodotto

Trovare il giusto prezzo per il tuo prodotto è la chiave del successo, sia a lungo che a breve termine. Il prezzo corretto per il tuo prodotto sarebbe tra il costo e il prezzo che un cliente è pronto a pagare per i suoi servizi. Il costo includerebbe le spese per le materie prime e altre spese fisse e variabili sostenute nella produzione. Tanto che puoi anche raddoppiare o triplicare le tue entrate dell'importo attuale. I tuoi prodotti rientrano tecnicamente in una di due categorie:

Merce: C'è molta concorrenza in questo campo, poiché i prodotti dei diversi giocatori sul campo sono gli stessi, è solo il prezzo per il quale competono. Deve essere molto nitido e costantemente attento. Quanto sei competente ed efficiente sono le uniche cose che ti faranno risaltare. Un po 'sciolto rovinerà di nuovo le cose.

Prodotti proprietari: Si tratta di prodotti autentici. Autentico e speciale nella sua posizione. Competete con gli altri giocatori sul mercato in base ai punti di forza speciali dei loro servizi. Se è abbastanza buono e ne hai bisogno, puoi impostare un prezzo che ti garantisca il miglior vantaggio.

Il mercato di Internet sta cambiando rapidamente. Per rimanere aggiornato, potrebbe essere necessario modificare frequentemente i prezzi, a causa della nuova concorrenza e dei cambiamenti nella domanda, ecc.

Quindi ci sono alcuni prodotti come l'hardware del computer che sono prodotti proprietari e di base. I sistemi informatici sono costantemente aggiornati e sempre più sofisticati e la concorrenza è agguerrita. È un prodotto proprietario nel senso che un Macintosh può ancora permettersi di essere molto più costoso di un normale sistema Windows a causa delle funzionalità aggiuntive che offre.

Indipendentemente da ciò che fai, non puoi permetterti di mettere il prezzo sbagliato sul tuo prodotto perché può significare la morte istantanea sul mercato.

Le guerre dei prezzi oggi fanno parte dell'esistenza quotidiana di qualsiasi organizzazione. Per sopravvivere, devi essere costantemente vigile e mantenere ciò che prometti. Se anche un concorrente abbassa i prezzi, tutti devono fare lo stesso. Ma se non hai intenzione di farlo, allora devi avere ampie ragioni per mantenere la tua posizione. Una solida base di clienti che ti accompagna in ogni caso, può essere una buona ragione.

Strategie di prezzo che migliorano i profitti

Le strategie di prezzo a volte sono una parte trascurata del marketing mix. Possono avere un grande impatto sui guadagni, quindi dovrebbero avere la stessa considerazione delle strategie promozionali e pubblicitarie. Un prezzo più alto o più basso può cambiare drasticamente sia i margini lordi che il volume delle vendite. Ciò influisce indirettamente su altre spese riducendo, ad esempio, i costi di stoccaggio o creando opportunità di sconti sui volumi con i fornitori.

Altri fattori determinano anche la tua strategia di prezzo ottimale. Considera le cinque forze che influenzano le altre decisioni aziendali: i tuoi concorrenti, i tuoi fornitori, la disponibilità di prodotti sostitutivi e i tuoi clienti. Anche il posizionamento nel modo in cui vuoi essere percepito dal tuo pubblico target è una considerazione. Metti un prezzo su un articolo Premium troppo basso, per esempio, e i clienti non crederanno che la qualità sia abbastanza buona. Piuttosto, metti un prezzo di vendita troppo alto nelle linee di valore e i clienti compreranno articoli a prezzo più basso dalla concorrenza.

Alcune strategie di prezzo da considerare sono:

• **Prezzo competitivo**

Mantenere i prezzi relativamente alla concorrenza è il modo migliore per fare affari. Stai attento al prezzo che il tuo concorrente ha accanto ai tuoi prodotti e quindi a prezzi simili o inferiori ai tuoi.

 IL PREZZO PERFETTO

- **Costo più sovrapprezzo**

Il contrario completo della precedente modalità tattica, mira a fissare i tuoi prezzi in base al tuo desiderio, in base alla percentuale di profitto che vuoi mantenere e non al mercato. Ma proprio come questo ha il vantaggio di guadagnare molto con prezzi economici, questo può anche funzionare negativamente in determinate circostanze. Quindi pensa e decidi saggiamente prima di fissare il prezzo.

- **Leader della perdita**

Un'altra strategia efficace per attirare i clienti e aumentare considerevolmente le vendite è quella di vendere articoli relativamente economici a un prezzo inferiore ai clienti che hanno il potenziale per acquistare cose più costose. Ma questo è un accordo

relativamente temporaneo e spesso può essere una scommessa.

• **Chiudi**

Questa è una tecnica interessante da provare quando si pulisce il brodo. Questo metodo prevede la vendita di altri prodotti a prezzi estremamente convenienti per evitare perdite.

• **Abbonamento o sconto commerciale**

Conosci i tuoi clienti. Fai un breve elenco di coloro che possono realizzare un profitto e offrire loro offerte speciali in modo che finiscano per essere sedotti ad acquistare di più da te e continuano a tornare. Quindi tagliare i prezzi, offrire sconti, fare tutto il possibile per riportarli al tuo negozio.

- **Pacchetti e sconti quantitativi.**

Anche il semplice plus uno gratuito funziona alla grande. Pertanto, offri ai clienti selezionati uno sconto considerevole sugli acquisti all'ingrosso, siano essi dello stesso tipo, come 5 camicie o articoli simili o correlati. E per evitare perdite, posiziona le offerte su titoli vecchi o creane uno nuovo con quelli vecchi per eliminare le attività in eccesso .

- **Versione**

Mettere diverse versioni dello stesso prodotto di base e quindi offrire prezzi più bassi per i modelli più elementari è un buon modo per liberarsi di quei modelli solo per la gente media. Ma puoi anche associare le offerte come servizio gratuito per un periodo a quelle di prezzo più elevato in modo che fungano da incentivo per i clienti che

acquistano di più. Quindi vai avanti e usa queste tattiche per ottenere il livello di profitto che hai sempre desiderato.

 IL PREZZO PERFETTO

Scrematura dei prezzi come strategia di prezzo

Di tutte le strategie di marketing che userete nella vostra attività, la strategia di prezzo è una delle più importanti. Oltre a scegliere il prodotto giusto, lo smart marketing e un solido piano di vendita, la giusta strategia di determinazione dei prezzi determinerà il tuo reddito e la tua quota di mercato. In genere, i leader del settore utilizzano la scrematura del mercato come tecnica di determinazione del prezzo.

La strategia di un produttore di computer è quella di creare un nuovo laptop ogni 8 mesi circa. Riduce il prezzo dei modelli più vecchi e invenduti (nella fase di maturazione) e mantiene più alto il prezzo dei nuovi laptop (nella fase introduttiva). I nuovi laptop richiederanno un prezzo più elevato in base alle loro nuove funzionalità.

Pertanto, il produttore sta abbassando il prezzo (o abbassando il mercato) in diverse fasi: introduzione, crescita, maturità e declino. Ottieni il massimo beneficio attraverso il prezzo più alto che ognuna di queste fasi ordina.

Questa strategia funzionerà in un grande mercato con abbastanza acquirenti con una forte domanda di prodotti o servizi e una società con una struttura a basso costo. Nell'esempio sopra con i laptop, la domanda è alta, ci sono molti acquirenti abituali con un settore che ha una struttura a basso costo che è la tecnologia abilitata.

Ora la sfida per l'azienda deriva dal fatto che ci sono parecchi concorrenti in questo mercato. Se tutti questi concorrenti hanno una linea completa di prodotti simili, ciascuno con un ciclo di vita variabile, gli acquirenti troveranno estremamente difficile giudicare il prodotto in termini di qualità o servizio o valore per il prezzo.

Di fronte a una raffica di prodotti dall'aspetto simile, l'acquirente sceglierà un laptop con le massime funzionalità al prezzo più basso. E se la tua azienda non è quella con il prezzo più basso, può danneggiare la reputazione del tuo marchio, poiché sembrerà aver sopravvalutato i prodotti, portando infine a un calo delle vendite.

Prima di scegliere una strategia di prezzo, assicurati di studiare attentamente il mercato. Bisogna avere un'idea chiara del comportamento del cliente e di come i concorrenti agiranno o reagiranno. E questa strategia deve essere continuamente testata quando viene applicata per garantire che i fattori che hanno portato a questa strategia

IL PREZZO PERFETTO

non siano cambiati nel tempo con il cambiamento delle condizioni del mercato.

Il prezzo psicologico è una strategia efficace?

Il prezzo ha un significato psicologico associato. Gli acquirenti hanno la convinzione che se un prodotto ha un prezzo elevato allora è più prezioso. Sebbene questa convinzione sia più psicologica che basata sulla realtà, rende i prezzi tangibili più efficaci del prodotto stesso.

Tuttavia, è interessante notare che quando l'acquirente inizia a indagare più approfonditamente sulla natura del prodotto, le sue decisioni diventano più razionali e il prezzo più elevato non è più la misura del valore del prodotto. Un buon esempio di dove

IL PREZZO PERFETTO

Il prezzo psicologico è che gli acquirenti tendono a inclinarsi maggiormente verso i prezzi che finiscono in numeri irregolari come $ 9, $ 99 perché credono di ottenere un affare migliore rispetto a se i prezzi terminassero in numeri pari come, ad esempio, $ 20, $ 66 ecc. .

Se i prodotti a cui si applica un prezzo rientrano in una "fascia" di prezzi come nelle aste online o se hanno un prezzo in un intervallo dispari di $ 199,00, i prodotti saranno considerati più preziosi di un elenco di $ 200,00. Tale comportamento del consumatore è che i prezzi in un intervallo dispari sono generalmente considerati un'offerta migliore, quindi è importante assicurarsi di aver scelto il prezzo corretto e la strategia corretta per il prodotto.

Un altro esempio di prezzi psicologici è il prezzo di riferimento. Il prezzo di riferimento è quando gli acquirenti sono psicologicamente correlati a un prezzo, poiché riflette direttamente la loro relazione con il prezzo di un prodotto. Nel caso di prodotti di alto valore, come i beni di lusso, il prezzo di riferimento è molto influente e un'intera società può essere capitalizzata su questa base.

Tuttavia, occorre prestare attenzione quando si posizionano i prezzi poiché la strategia può ritorcersi contro se l'acquirente ritiene che il prodotto non meriti di appartenere a quella categoria. Se il prodotto ha le caratteristiche che attirano un acquirente sensibile all'ego, il prezzo di riferimento è una strategia di prezzo appropriata.

Un esempio di ciò sono gli articoli di lusso di fascia alta che fanno appello agli acquirenti sensibili all'ego. Affinché il prezzo di riferimento abbia successo, devi assicurarti che il prezzo che hai determinato per un prodotto si adatti meglio da tutti gli angoli e punti di vista, incluso il tuo.

 IL PREZZO PERFETTO

Assicurarsi che il prezzo selezionato corrisponda al prodotto e che il prezzo sia stato testato prima che venga rilasciato sul mercato di destinazione. Dovrebbe essere presa in considerazione anche l'influenza di vari elementi del mercato sul prezzo. Il prodotto deve essere adatto a una strategia di determinazione del prezzo psicologica, il programma promozionale deve essere adatto alla strategia di determinazione del prezzo e i canali di distribuzione devono essere sincronizzati con il prezzo e non annullare il costo del prodotto stesso.

 IL PREZZO PERFETTO

Prezzi di penetrazione del mercato

Una strategia di prezzo di entrata rapida che presuppone che il volume delle vendite aumenti quando un oggetto ha un prezzo basso, che a sua volta riduce i costi complessivi, è chiamato prezzo di penetrazione del mercato. Questa è una strategia utile che può essere utilizzata nei mercati sensibili ai prezzi. Ad esempio, considera il mercato dei lettori DVD; Questo è un mercato in cui i volumi di vendita sono elevati, ma anche il numero di concorrenti è elevato.

I costi di produzione per i lettori DVD sono diminuiti drasticamente e la tecnologia in costante evoluzione ha permesso la rapida introduzione di nuove funzionalità e vantaggi in nuovi modelli. Le aziende che

fanno pagare i lettori DVD e vendono grandi volumi a prezzi bassi o ragionevoli stanno perseguendo una strategia di penetrazione nel mercato.

Gli imprenditori che utilizzano i prezzi di penetrazione del mercato generalmente cercano di far crescere un mercato per il loro marchio e nel processo penetrano nel mercato per il prodotto nel suo insieme. Tutti i calcoli si basano sul presupposto che il prezzo più basso vincerà la maggior parte del mercato. Ma è molto importante valutare il tuo mercato, la tua sensibilità ai prezzi e la tua elasticità o inelasticità prima di utilizzare questa strategia di prezzo.

È inoltre necessaria una certa quantità di ricerche di mercato in modo da poter comprendere e pregiudicare il modo in cui i concorrenti reagiranno a questa pervasiva strategia di prezzi. Ad esempio, se il tuo prezzo basso fa abbassare anche il tuo concorrente, ti porterà in un vicolo cieco poiché abbasserà nuovamente il suo prezzo causando una reazione simile da esso, e questo continuerà e nessuno vincerà.

Sebbene quanto detto sopra sia vero, è anche vero che la sua strategia di prezzo di penetrazione nel mercato può essere un fattore dissuasivo per i nuovi concorrenti che intendono entrare nel mercato. Il rischio per un nuovo partecipante di ottenere una quota di mercato considerevole è estremamente elevato e quando considerano quanto è basso il loro prezzo, vedranno che il loro margine sarà basso e, quindi, considerando i rischi che potrebbero scegliere di non entrare nel mercato.

Ma per avere successo con questa strategia, devi essere pronto a goderti le economie di scala che genereranno elevati volumi di vendita e di essere il fornitore a basso costo sul mercato. Se hai un'attività esistente e il tuo concorrente sta seguendo una strategia di penetrazione del mercato, dovresti fare le stesse ricerche e valutazioni di mercato approfondite e le tue capacità:

- È possibile ridurre i costi?
- Puoi essere sicuro che produrrà grandi volumi?
- Puoi correre il rischio di vendere il tuo prodotto a basso prezzo (e aspettarti che il volume delle vendite ti dia la quota di mercato e la redditività che desideri?)

Se rispondi che tutte queste domande sono negative, considera attentamente questa strategia di penetrazione prima di usarla e, se non sei ancora sicuro, non seguire la strategia.

Tuttavia, se sei un nuovo imprenditore che considera questa strategia in un mercato nuovo o scarsamente popolato, dove la concorrenza è bassa, concentrati su come ridurre i costi e aumentare l'efficienza.

 IL PREZZO PERFETTO

Indipendentemente dalla strategia di prezzo che decidi di utilizzare, assicurati di specificarlo nel tuo piano di marketing mix con i motivi della tua scelta.

Valuta la tua strategia di marketing prescelta, inclusa la tua strategia di determinazione dei prezzi almeno una volta all'anno al momento dell'aggiornamento del tuo piano aziendale e assicurati che sia la strategia giusta per il tuo prodotto tenendo conto delle condizioni di mercato e per i suoi consumatori e concorrenti.

Prezzi promozionali

I prezzi promozionali vengono generalmente utilizzati all'avvio di un nuovo prodotto. Viene utilizzato per stimolare la domanda di quei prodotti che hanno una domanda in ritardo. Gli acquirenti con prezzi target sono generalmente quelli che cercano l'affare. Alcuni esempi di questi prezzi di eventi promozionali sono per eventi speciali. Di solito sono destinati a determinati eventi che potrebbero essere Natale o Pasqua.

Ci sono programmi di sconto o bonus disponibili al momento dell'acquisto di una casa. A volte il venditore offre una mossa in sussidio per moquette o sostituzione o sussidio di rinnovo o un rimborso in contanti completo senza problemi con il finanziamento o l'acquisto di oggetti di grandi dimensioni come le automobili. Ci sono molti negozi che non pubblicizzano prestiti per il finanziamento di interessi per i mobili acquistati.

Il rivenditore di auto offre anche questi programmi di prezzi per i suoi modelli dell'anno precedente. Queste strategie nel campo delle vendite hanno avuto molto successo, ma quando si usano queste strategie bisogna stare attenti perché i clienti stanno diventando più sensibili al vero valore delle strategie. Un'altra strategia di fase che sembra funzionare è quella di acquistarne uno e ottenerne uno gratuitamente o ottenerne due al prezzo di uno.

Ciò è possibile se il costo del prodotto è basso, con un sano margine di profitto e anche in caso di sovraccarico di inventario. Un'altra modalità importante potrebbe essere il metodo di pagamento, che è il termine di pagamento esteso.

 IL PREZZO PERFETTO

Devi pagare un deposito e pagare per un periodo di tempo. Sarai in grado di ottenere il prodotto solo quando paghi. Questo è molto comune nel settore delle ristrutturazioni e delle costruzioni, poiché il pagamento viene effettuato prima come costo iniziale, quindi quando il progetto è a metà strada e, successivamente, quando viene completato.

A volte la garanzia a basso costo o l'aiuto gratuito in queste strategie di trading. Un buon prodotto generalmente non ha un ritorno e un cliente è convinto. Pertanto, queste strategie hanno un impatto positivo. L'uso eccessivo di queste strategie ha portato allo scetticismo del cliente. Cercano la realtà nell'affare. Il prezzo promozionale più frequentemente utilizzato è la vendita "chiusura dell'attività".

Questa vendita può essere fuorviante in quanto può essere fuorviante. È una delocalizzazione della stessa attività. Come cliente, dovresti sapere che non sei ingannato da un simile schema. Esistono ancora molti programmi di prezzi promozionali efficaci, quindi sii intelligente nello sviluppo delle tue strategie di prezzo.

 IL PREZZO PERFETTO

Prezzo competitivo

Per determinare se i tuoi articoli hanno un prezzo troppo alto o meno, fai quello che fa il tuo cliente. Cercare in rete.

Prendi uno dei tuoi prodotti e cerca in Internet. Confronta i prezzi con gli altri, questo ti aiuterebbe se vuoi vendere di più. È semplice, devi solo scrivere il nome e chiedere di confrontare i prezzi. Potrebbe volerci un po 'di tempo a seconda dell'articolo che stai vendendo e della saturazione del mercato. Ciò fornirebbe una visione importante che aiuterebbe la tua azienda e ti farebbe sapere cosa stai affrontando.

Potresti essere in grado di differenziare il tuo prodotto e convincere il tuo cliente ad acquistare da te. Inizia questo riducendo i

costi. Questo aiuta sempre. Se vedi la possibilità di abbassare ulteriormente i tuoi prezzi, fallo. Scoprirai che il tuo articolo diventerà il "prezzo più basso sul web!". Il basso costo aiuta ad acquistare e questo compenserebbe la differenza nella riduzione dei prezzi.

Garantire una corrispondenza di prezzo. Fai sapere ai tuoi clienti che corrisponderà a qualsiasi prezzo e non sarà sotto-venduto. Una volta che il cliente è lì, fagli procedere con l'acquisto. Puoi anche offrire la spedizione gratuita. Nel caso in cui il tuo articolo costi più del concorrente, puoi offrire la spedizione gratuita in quanto ciò darebbe al tuo articolo il costo più basso al momento del pagamento.

La spedizione gratuita viene aggiunta come bonus a qualsiasi acquirente. Questa parola fa una grande differenza se finalmente fai la vendita o no. Se ti capita di perdere un cliente, sarebbe perché il cliente non è convinto del costo dell'articolo. Pertanto, per convincere il cliente che il tuo prodotto vale il costo e sicuramente vale la pena acquistarlo, è importante apportare alcune modifiche.

Il costo non è l'unico fattore, ma uno dei fattori più importanti che influenzano l'acquisto. Quindi, se hai dato ai tuoi clienti un acquisto migliore nel caso ne valesse la pena, li aiuterebbe ad avere un vantaggio rispetto al resto della concorrenza.

 IL PREZZO PERFETTO

Offri sconti nell'ambito della tua strategia di prezzo

Il prezzo dei beni è difficile. Non esiste una formula che determina la magia per decidere il prezzo migliore per un prodotto. Non esiste una strategia semplice, ma è possibile adottare alcune misure per rendere più efficaci le politiche dei prezzi. È difficile essere sicuri delle decisioni sui prezzi, puoi fare affidamento solo sul tuo giudizio. Ma anche mentre lo fanno, le decisioni non sono mai del tutto soddisfacenti.

Determinare il prezzo di beni o servizi è uno dei più importanti nel mondo degli affari. Il prezzo dei prodotti dovrebbe essere fatto in modo tale che i clienti desiderati siano disposti a pagare tale importo e anche quello

che genera profitti per l'azienda o il business non durerà a lungo.

Esistono diversi approcci scientifici e non scientifici ai prezzi. Di seguito è riportato un quadro per prendere decisioni sui prezzi che tiene conto dei costi, degli effetti della concorrenza e della percezione del valore da parte del cliente.

Le politiche sui prezzi a volte passano inosservate come parte del marketing. Possono avere un effetto sostanziale sui guadagni, quindi la stessa considerazione dovrebbe essere presa come tattiche promozionali e pubblicitarie. La variazione del prezzo può cambiare significativamente sia i margini lordi che il volume delle vendite. Ciò comporta effetti indiretti su altre spese riducendo, ad esempio, i costi di stoccaggio o creando opportunità di sconti sui volumi con i fornitori.

 IL PREZZO PERFETTO

La tua strategia di prezzo può tener conto delle offerte di sconto per i consumatori che ti offrono un vantaggio commerciale.

Uno può offrire sconti in contanti ai clienti paganti senza indugio. Pertanto, questo sistema premia coloro che aiutano l'azienda a mantenere un flusso di cassa positivo e costante e ridurre i costi di raccolta dei prestiti.

Gli sconti quantitativi per ordini di grandi dimensioni hanno senso economico quando il costo per unità di vendita o consegna di un prodotto diminuisce all'aumentare della quantità. Un fornitore, ad esempio, può riempire un ordine di 12 dozzine di cupcake per un cliente a 10 centesimi ciascuno, mentre i cupcake sullo scaffale del forno possono essere venduti a più clienti durante il giorno per 20 centesimi ogni.

Questo perché c'è una probabilità che alcuni cupcake non vendano. I costi sono anche associati a mantenere aperto il negozio per la comodità dei clienti casuali. Ci sono costi associati all'apertura del negozio per la comodità dei clienti casuali.

Gli sconti stagionali in realtà premiano i clienti che essenzialmente aiutano un'azienda a bilanciare il proprio flusso di cassa e soddisfare le esigenze di produzione.

Le indennità di rimborso per i vecchi prodotti restituiti che è possibile riutilizzare o rivendere a scopo di lucro vanno a vantaggio sia dell'azienda che dei consumatori.

I sussidi promozionali hanno spesso senso economico. Ad esempio, se il tuo prodotto viene utilizzato in campagne pubblicitarie o attività promozionali da una catena di vendita al dettaglio che vende anche il tuo

prodotto, finisce per aumentare i tuoi sforzi di marketing. In questo caso, puoi scegliere di scontare il tuo prezzo dalla catena di vendita al dettaglio che lo fa.

Strategie di prezzo alternative

Il prezzo è senza dubbio uno dei fattori più importanti nella tua strategia di marketing mix. Il giusto prezzo può rendere il tuo prodotto un successo o un fallimento nel mercato. I fattori che devono essere presi in considerazione quando si commercializza il prodotto sono i seguenti:

- Deve essere di qualità superiore.
- Deve avere caratteristiche che i suoi acquirenti richiedono o desiderano.
- Dovrebbe essere diverso da quello che i tuoi concorrenti hanno da offrire.
- Deve avere una buona struttura dei costi.
- Dovresti anche prestare attenzione a una forte campagna promozionale.

- Alla luce di questi fattori, è importante determinare la strategia dei prezzi in modo da poter vendere con successo il proprio prodotto sul mercato.

Di seguito sono riportate alcune strategie di prezzo alternative:

1. Prezzi generici o economici: In questa strategia il prezzo basso attira l'acquirente. È tipico di marchi generici o economici. Perché questa strategia sia fruttuosa, deve avere una struttura a basso costo, caratteristiche minime e promozione. Allo stesso tempo, assicurati di ottenere alcuni vantaggi solidi e stabili.

2. Prezzi differenziali: In questo metodo, l'idea è quella di impostare il prezzo in base ai diversi tipi di acquirenti (ad esempio, il prezzo sarà diverso per un negozio online, un negozio al dettaglio e un grande magazzino); area geografica (i prezzi potrebbero essere più alti in California che nell'Illinois); per la quantità acquistata (una persona che acquista grandi quantità otterrà una tariffa diversa da quella che acquista una piccola quantità); in base al segmento di conto nazionale (il prezzo addebitato su un conto nazionale varierà da quello addebitato su un conto locale). Ricorda, ci deve essere un motivo valido per applicare prezzi differenziali.

3. Prezzi premium: Questa strategia è applicabile a beni di lusso o di fascia alta, come gioielli costosi, yacht, aerei, proprietà, ecc. Puoi utilizzare questa strategia se il mercato riconosce il tuo prodotto come un oggetto di lusso o Premium

4. Prezzi dei prodotti vincolati o prodotti complementari: Questa strategia può anche essere adattata ai prezzi della linea di prodotti. In questo caso, i prodotti sono raggruppati come compagni e hanno un prezzo di conseguenza. (Ad esempio, un mixer e una ciotola). Considerano anche i prodotti come prigionieri (ad esempio, un rasoio che può essere equipaggiato solo con una lama particolare). Questi prodotti sono spesso confezionati in un unico pacchetto. (Ad esempio, le lame possono essere imballate con il rasoio) I prezzi di questi prodotti su un pacchetto generalmente tendono ad essere più alti.

Ricorda di rivedere attentamente i tuoi prodotti prima di scegliere una particolare strategia per rendere il prezzo adeguato.

 IL PREZZO PERFETTO

Le offerte più interessanti

I giorni in cui gli uomini giurarono su Gillette e le donne non guardarono più lontano di Guerlain. Raramente ci sono monopoli sul mercato mondiale e ogni prodotto nell'economia ha un concorrente, un sostituto che cerca costantemente di sovraperformare l'altro. La base più comune per la concorrenza vista in questi mercati multi-prodotto è il prezzo.

I consumatori sono generalmente attratti da quegli articoli che hanno un costo di acquisto inferiore rispetto al loro sostituto. Poiché esistono principalmente prodotti differenziati, la qualità generale è più o meno la stessa.

Ora, dal punto di vista del produttore, l'unico modo per ridurre il prezzo del prodotto è

quello di ridurne i costi. Ma i metodi di produzione non possono essere cambiati senza cambiare la qualità. Inutile dire che se si devono tagliare i costi, anche la qualità diminuirà sicuramente. Un altro modo sarebbe quello di aumentare la scala di produzione. Ma ci vuole molto tempo. Pertanto, è necessaria qualche altra misura per un effetto immediato.

Supermercati e grossisti utilizzano un tipico metodo di determinazione del prezzo, chiamato blocco dei prezzi. Quando un consumatore incontra un cartello che dice: "Latte- 1 gallone $ 3,00; 4 galloni di $ 10,00 ", si arriva automaticamente all'osservazione calcolata che si sta realizzando una sorta di profitto pagando $ 2 in meno se si acquista in blocco.

Pertanto, missione compiuta. Sebbene l'acquisto di prodotti sfusi apparentemente riduca il costo per i consumatori, la tua abitudine di spesa sarebbe diversa se avessi 1 litro di latte a tua disposizione anziché 4 alla volta.

Un altro modo per catturare l'attenzione dell'acquirente è pubblicare offerte intelligenti. Tutti comprendono il concetto di **LIBERO**. È una parola breve, ma può fare grandi cose. In genere, si acquista balsami con shampoo, scrub con saponi e calzini con le scarpe. Quindi, se ottieni una piccola bottiglia di balsamo **GRATUITAMENTE** acquistando una grande bottiglia di shampoo, ciò potrebbe attrarre molti acquirenti.

I buffet nei ristoranti prevedono un prezzo fisso a persona per i pasti. Ciò significa che la persona che mangia la zuppa, il pollo e il dessert Kiev paga lo stesso della persona che mangia solo pollo e dessert. Ciò può sembrare ingiusto per la persona 1, ma dopo tutto, nessuno si è rifiutato di servirgli una zuppa.

 IL PREZZO PERFETTO

Pertanto, sebbene il prezzo sia un fattore, è principalmente una battaglia psicologica in cui il cliente si trova di fronte a molte opzioni tra cui scegliere.

 IL PREZZO PERFETTO

Prezzi basati sul valore

Il prezzo di un prodotto basato sul giudizio di valore è estremamente importante. Le preferenze del cliente, i vantaggi del prodotto, l'immagine dell'azienda, la convenienza e la qualità del prodotto sono criteri soggettivi che aiuteranno un'organizzazione a comprendere la percezione del cliente del valore del proprio prodotto o servizio.

Ciò che i clienti desiderano è vitale.

Stai risparmiando tempo o denaro per l'acquisto del tuo prodotto? C'è un vantaggio competitivo che ottengono dall'uso del tuo servizio? Quali sono le tue scelte? È conveniente per loro usare il tuo servizio invece di farlo da soli? Cosa richiede esattamente la concorrenza?

 IL PREZZO PERFETTO

Il prezzo massimo che il cliente pagherà per il beneficio ricevuto può essere compreso se si tiene conto dei punti di cui sopra.

Di seguito sono elencate alcune strategie di prezzo basate sul valore. Prendono in considerazione il punto di equilibrio, ma includono giudizi soggettivi oltre ai numeri.

1. Imposta lo stesso prezzo dei concorrenti: Viene utilizzato quando i prezzi di un prodotto di base sono generalmente ben stabiliti (come i servizi professionali) o quando non vi sono altri mezzi per stabilire i prezzi. La sfida, quindi, è capire come tagliare i costi per produrre profitti più elevati rispetto ai concorrenti.

2. Impostare un prezzo basso: Questo viene fatto esclusivamente per catturare un gran numero di clienti sul mercato in questione. Questa strategia viene anche utilizzata per ottenere obiettivi non finanziari, come il rispetto della concorrenza, la proiezione di un'immagine a basso costo o semplicemente la conoscenza del prodotto. Se la redditività può essere mantenuta a un prezzo basso o se i livelli di vendita sono accettabili, questa strategia funziona e può quindi portare a prezzi più alti.

3. Addebitare un prezzo elevato: è possibile addebitare un prezzo elevato rispetto al costo del prodotto se è unico e prezioso per i clienti. Anche la ricchezza del mercato target conta. Posizionare un prodotto come "prodotto di prestigio" in tal caso consentirebbe di addebitare un prezzo elevato. Ad esempio, gli orologi Rolex potrebbero non avere un costo di produzione così elevato. Tuttavia, il prezzo elevato porta un vantaggio di "status" al ricco mercato Rolex.

Far pagare ai clienti ciò che "sono disposti a pagare", anche se è elevato, è una strategia che richiede attenzione e intelligenza. Richiede anche la volontà di cambiare perché i clienti (così come i concorrenti) possono decidere che i profitti sono troppo alti. Pertanto, molti fattori influenzano i prezzi basati sul valore, ma uno stratega intelligente può trarne il massimo vantaggio.

 IL PREZZO PERFETTO

Come fai a sapere se il tuo prezzo è corretto?

Se i tuoi prezzi non sono perfetti, non otterrai da nessuna parte, anche se hai il miglior prodotto/servizio al mondo. Le società Internet utilizzano tre principali strategie di determinazione dei prezzi: POPS, CAPS e VAPS. Se implementati correttamente, possono aiutare le aziende a ottenere un vantaggio rispetto al resto.

(POP) LA STRATEGIA DEI PREZZI DELL'OGGETTO FISICO funziona bene quando si vende un oggetto fisico e ciò che viene spedito ai propri clienti. Amazon.com e Wall-Mart rientrano in questa categoria. Queste aziende iniziano dal livello base per determinare il prezzo scoprendo quanto costa produrre e consegnare un'unità aggiuntiva. (È il costo marginale).

Prendi l'esempio di Wall-Mart. Microonde vendute. Quanto costerebbe vendere un'unità aggiuntiva? Per risolvere questo problema, dovrebbero scoprire il costo a cui acquistano dai loro fornitori, il costo a cui lo mettono nel negozio e il costo a cui eseguono la transazione. Quindi, per determinare il prezzo finale che un'azienda deve aggiungere al costo marginale.

Questo è il margine di profitto operativo:

Per scoprire la percentuale devono confrontarla con altre società simili. Amazon ha un profitto del 6%. I rivenditori concorrenti dovrebbero avere lo stesso margine operativo, preferibilmente uno inferiore sarebbe sufficiente. Una società che sviluppa un processo aziendale efficiente potrebbe ridurre al minimo i costi e aiutarli a mantenere bassi i prezzi mantenendo al contempo un margine interessante.

COSTO DELLA STRATEGIA DEI PREZZI DI ACQUISIZIONE. POPS funziona bene se il costo principale è il costo effettivo della merce che stai consegnando. Ma le aziende che vendono prodotti/servizi in cui i costi sono basati sul marketing, associati al numero di visitatori a loro vista, possono trarre vantaggio dall'uso di CAPS per determinare il prezzo finale. CAPS generalmente risponde a due domande chiave.

1. Quanto costerà per far visitare un sito alle persone?

2. Qual è la percentuale di visitatori del sito che effettuerebbe l'acquisto finale?

La risposta alla prima domanda dovrebbe essere divisa per la risposta alla seconda domanda per dare all'azienda il suo costo per acquisizione. Pertanto, il margine di profitto operativo può essere aggiunto a questo per determinare il prezzo finale.

Ad esempio, un rivenditore potrebbe scoprire che, in media, costa $ 0,10 per un visitatore che visita il sito e che potrebbe esserci l'1% dei visitatori che effettuano l'acquisto. Quindi da qui deriviamo semplicemente il costo per acquisizione. E scopriamo quale dovrebbe essere il prezzo finale. La chiave qui è minimizzare il costo per acquisizione.

(VAPS) STRATEGIA DI PREZZO AL VALORE AGGIUNTO. Per le aziende in cui il costo marginale è zero, ad esempio, nella vendita di prodotti digitali come e-book e corsi online. VAPS funziona al meglio durante la creazione di un modello di business in cui è possibile addebitare prezzi diversi a clienti diversi.

Visita la nostra pagina degli autori su Amazon! E ottenere più libri di MENTES LIBRES!

https://www.amazon.it/MENTES-LIBRES/e/B08274DDV4?ref_=dbs_p_ebk_r00_abau_000000

Se lo desiderate, potete lasciare il vostro commento su questo libro cliccando sul seguente link in modo che possiamo continuare a crescere! Grazie mille per il vostro acquisto!

https://www.amazon.it/dp/B089MYP1SP

www.ingramcontent.com/pod-product-compliance
Lightning Source LLC
Chambersburg PA
CBHW071120240526
45465CB00022B/735